新 HSK（四级）
高分实战试卷
7

刘 云 主编

图书在版编目(CIP)数据

新 HSK(四级)高分实战试卷.7/ 刘云主编.—北京:北京大学出版社,2013.3
(北大版新 HSK 应试辅导丛书)
ISBN 978-7-301-21825-9

Ⅰ.①新… Ⅱ.①刘… Ⅲ.①汉语—对外汉语教学—水平考试—题解
Ⅳ.①H195-44

中国版本图书馆 CIP 数据核字(2012)第 311223 号

书　　　　名:	新 HSK(四级)高分实战试卷 7
著作责任者:	刘　云　主编
责 任 编 辑:	宋立文
标 准 书 号:	ISBN 978-7-301-21825-9/H・3211
出 版 发 行:	北京大学出版社
地　　　　址:	北京市海淀区成府路 205 号　100871
网　　　　址:	http://www.pup.cn　　新浪官方微博:@北京大学出版社
电 子 信 箱:	zpup@pup.pku.edu.cn
电　　　　话:	邮购部 62752015　发行部 62750672　编辑部 62754144
	出版部 62754962
印　刷　者:	三河市博文印刷厂
经　销　者:	新华书店
	787 毫米×1092 毫米　16 开本　2.75 印张　56 千字
	2013 年 3 月第 1 版　2013 年 3 月第 1 次印刷
定　　　　价:	10.00 元

未经许可,不得以任何方式复制或抄袭本书之部分或全部内容。
版权所有,侵权必究　　举报电话: 010 - 62752024
　　　　　　　　　　　　　电子信箱: fd@pup.pku.edu.cn

目　录

一、听　力 …………………………………………………… 1

二、阅　读 …………………………………………………… 6

三、书　写 …………………………………………………… 14

　答　案 …………………………………………………… 16

听力材料及听力部分题解 ………………………………… 18

阅读部分题解 ……………………………………………… 29

新汉语水平考试
HSK（四级）

注　意

一、HSK（四级）分三部分：

    1. 听力（45题，约30分钟）

    2. 阅读（40题，40分钟）

    3. 书写（15题，25分钟）

二、听力结束后，有5分钟填写答题卡。

三、全部考试约105分钟（含考生填写个人信息时间5分钟）。

中国　北京　　　　　××××/××××××　　编制

一、听 力

（听力内容请登录 http：//www. pup. cn/dl/newsmore. cfm?sSnom＝d203 下载）

第 一 部 分

第 1—10 题：判断对错。

例如：我想去办个信用卡，今天下午你有时间吗？陪我去一趟银行？

  ★ 他打算下午去银行。   (√)

  现在我很少看电视，其中一个原因是，广告太多了，不管什么时间，也不管什么节目，只要你打开电视，总能看到那么多的广告，浪费我的时间。

  ★ 他喜欢看电视广告。   (×)

1. ★ 那家饭馆儿的饭菜不好吃。   (   )

2. ★ 他今天要开会。   (   )

3. ★ 她想去医院。   (   )

4. ★ 比赛下午三点开始。   (   )

5. ★ 他很喜欢这里。   (   )

6. ★ 小莉想吃蛋糕。   (   )

7. ★ 她来早了。   (   )

8. ★ 他是一名学生。   (   )

9. ★ 他肚子饿了。   (   )

10. ★ 这次考试的题不难。   (   )

第 二 部 分

第 11—25 题：请选出正确答案。

例如：女：该加油了，去机场的路上有加油站吗？
　　　男：有，你放心吧。
　　　问：男的主要是什么意思？
　　　　A 去机场　　　B 快到了　　　C 油是满的　　　D 有加油站 ✓

11. A 买票　　　　　B 踢足球　　　　C 看比赛　　　　D 问时间

12. A 男的没带钱　　B 沙发不好看　　C 洗衣机太贵　　D 他们没买沙发

13. A 十五元　　　　B 二十五元　　　C 三十五元　　　D 五十元

14. A 医生　　　　　B 导游　　　　　C 律师　　　　　D 服务员

15. A 师生　　　　　B 母子　　　　　C 父女　　　　　D 同事

16. A 逛街　　　　　B 看电影　　　　C 去奶奶家　　　D 去男的家

17. A 接孩子　　　　B 吃饺子　　　　C 去超市　　　　D 去上班

18. A 在北京　　　　B 在公司　　　　C 在家里　　　　D 在学校

19. A 手机　　　　　B 钥匙　　　　　C 报纸　　　　　D 杂志

20. A 借书　　　　　B 找人　　　　　C 买杂志　　　　D 买词典

21. A 很勇敢　　　　B 很粗心　　　　C 很害羞　　　　D 很诚实

22. A 银行　　　　　B 学校　　　　　C 车站　　　　　D 电影院

23. A 男的不想看　　B 女的想买票　　C 男的没买到票　D 女的今晚有事

24. A 已经毕业了　　B 准备留学　　　C 准备读硕士　　D 马上找工作

25. A 在家里　　　　B 在杭州　　　　C 在火车站　　　D 在办公室

第 三 部 分

第 26—45 题：请选出正确答案。

例如：男：把这个文件复印五份，一会儿拿到会议室发给大家。
　　　女：好的。会议是下午三点吗？
　　　男：改了。三点半，推迟了半个小时。
　　　女：好，602 会议室没变吧？
　　　男：对，没变。
　　　问：会议几点开始？
　　　A 两点　　　B 3 点　　　C 3：30 ✓　　　D 6 点

26. A 在图书馆里　B 在爷爷家　　C 在男的那儿　D 在小李那儿

27. A 司机　　　　B 律师　　　　C 医生　　　　D 运动员

28. A 七点　　　　B 八点　　　　C 九点　　　　D 十点

29. A 很累　　　　B 环境好　　　C 工资少　　　D 压力大

30. A 男的在加班　B 女的不在家　C 女的在买东西　D 孩子吃过饭了

31. A 医院　　　　B 学校　　　　C 饭店　　　　D 动物园

32. A 男的很瘦　　B 衣服买大了　C 女的太胖了　D 女的瘦了不少

33. A 自己　　　　B 爸爸　　　　C 妈妈　　　　D 李叔叔

34. A 购物　　　　B 回宾馆　　　C 去吃饭　　　D 参观西湖

35. A 广东很冷　　　　B 女的要出差　　　C 沈阳要下雪　　　D 男的要去广东

36. A 粗心　　　　　　B 冷静　　　　　　C 浪漫　　　　　　D 勇敢

37. A 八点四十五　　　B 九点　　　　　　C 九点二十五　　　D 十点

38. A 适合旅游　　　　B 交通不便　　　　C 民族很多　　　　D 冬天也有鲜花

39. A 昆明很冷　　　　B 张文是导游　　　C 张文是南方人　　D 昆明有很多山

40. A 工资高　　　　　B 机会少　　　　　C 压力大　　　　　D 竞争力大

41. A 工作环境　　　　B 工资高低　　　　C 机会多少　　　　D 自身情况

42. A 招聘老师　　　　B 介绍家人　　　　C 通知事情　　　　D 问病人问题

43. A 医生　　　　　　B 老师　　　　　　C 学生　　　　　　D 记者

44. A 快乐　　　　　　B 文化　　　　　　C 说话　　　　　　D 艺术

45. A 祝福　　　　　　B 批评　　　　　　C 鼓励　　　　　　D 同情

二、阅 读

第 一 部 分

第46—50题：选词填空。

A 打扮　　B 页　　C 导游　　D 坚持　　E 暖和　　F 由于

例如：她每天都（ D ）走路上下班，所以身体一直很不错。

46. 这本书有四百多（　　），你半天就看完了？

47. 那里很（　　），你不用带这么多衣服，随便带几件就行了。

48. （　　）经理要到上海学习，今天的会议改到下周三再开。

49. 你知道（　　）资格考试的具体情况吗？

50. 你今天（　　）得真好看，公司有活动吧？

第51—55题：选词填空。

　　A 到底　　B 艺术　　C 温度　　D 擦　　E 可是　　F 诚实

例如：A：今天真冷啊，好像白天最高（ C ）才2℃。
　　　B：刚才电视里说明天更冷。

51. A：（　）来自于生活，你看这些作品都有生活中的影子。
　　B：但是它又高于生活，这就是我当了十几年画家的真实感受。

52. A：这件事（　）是怎么发生的？
　　B：不知道，我到这里的时候，房间就是这个样子的。

53. A：张刚是一个（　）的人，从来不会骗人的。
　　B：可是我总觉得这件事肯定与他有关系。

54. A：王亮，你在家里做什么呢？我们一起出去唱歌吧！
　　B：不行，我正在（　）桌子呢，明天我们再一起出去吧。

55. A：赵明，明天下午一起去打篮球吧！
　　B：（　）我明天要陪小静去买家具，过几天再去吧。

第 二 部 分

第 56—65 题：排列顺序。

例如：A 可是今天起晚了

　　　 B 平时我骑自行车上下班

　　　 C 所以就打车来公司　　　　　　　　　　B A C

56. A 三十分钟后我们先回到这里

　　 B 然后再一起乘车去宾馆休息

　　 C 现在大家有三十分钟的时间去买东西　　_____

57. A 这场晚会确实很精彩

　　 B 我总觉得有种吸不上气来的感觉

　　 C 可是因为来的人实在是太多了　　　　　_____

58. A 我真想在这里多玩儿几天

　　 B 如果不是要去参加上海的演出

　　 C 昆明真是一个美丽的地方　　　　　　　_____

59. A 电子词典对学习语言很重要

　　 B 还能教我们发音

　　 C 它不但能帮我们理解新词　　　　　　　_____

60. A 道路干净了，房子变大了

　　 B 现在这里与以前相比有了很大的不同

　　 C 甚至还多了很多高楼　　　　　　　　　_____

61. A 不仅需要一种"后天下之乐而乐"的勇气
    B 想要成为一个对社会有用的人
    C 还要有一份对理想的坚持   _____

62. A 要不吃饺子也行
    B 你觉得清汤面怎么样
    C 晚上我们吃点儿热的东西吧   _____

63. A 都可以在这家公司找到合适的职位
    B 所以明天我们一起去他们公司应聘吧
    C 无论你在大学里学的是什么专业   _____

64. A 塑料袋发明出来以后
    B 极大程度地方便了人们的生活
    C 但同时也破坏了人们的生活环境   _____

65. A 意思是吃完饭后要多走走
    B 人们常说"饭后百步走,活到九十九"
    C 这样对我们的身体有好处   _____

第三部分

第 66—85 题：请选出正确答案。

例如：她很活泼，说话很有趣，总能给我们带来快乐，我们都很喜欢和她在一起。

★ 她是个什么样的人？

A 幽默 ✓　　　　B 马虎　　　　C 骄傲　　　　D 害羞

66. 现在人们越来越喜欢阅读电子书，不仅仅是因为它便宜，更主要的是因为不管在什么地方，只要你有时间就可以阅读你想读的书。

★ 人们喜欢读电子书主要是因为它：

A 便宜　　　　B 方便　　　　C 精彩　　　　D 环保

67. 我男朋友经常来我家吃饭。有一天妈妈忘记买面条儿了，男朋友想帮忙去买，于是妈妈告诉他商店在什么地方之后，给了他二十块钱，他就出门了。

★ 男朋友拿着二十块钱去哪儿了？

A 商店　　　　B 我家　　　　C 饭馆儿　　　　D 他家

68. 花开花谢带不走朋友之间的友谊。无论时间怎么过，朋友之间的感情是不变的，所以我们要在工作和生活中好好与朋友相处。

★ 这段话主要想告诉我们要：

A 多交朋友　　B 重视友谊　　C 努力工作　　D 爱惜时间

69. 年轻不是因为年龄的大小，而是一种心态的反映，所以我们要保持年轻的心。只有这样，我们的生活才不会因为年龄的变化而变得不再那么精彩。

★ 根据这段话，想精彩地生活，我们需要：

A 赚很多钱　　B 学很多东西　　C 有健康的身体　　D 一颗年轻的心

70. 人生是一种选择，也是一种放弃。当你做出了选择，同时也就放弃了其他可以选择的方向，所以大家在面对需要做出选择的事情时一定要小心，不要做出让自己后悔的事情来。

    ★ 根据这段话，做选择时，我们要：

    A 懂得放弃　　B 认真选择　　C 丰富知识　　D 不怕困难

71. 关于爱情，小静觉得只是一种习惯，习惯了关心一个人，习惯了被一个人关心，习惯了两个人在一起，习惯了有人打电话给你。

    ★ 这段话主要在讲习惯与什么的关系？

    A 关心　　　　B 感情　　　　C 理想　　　　D 打电话

72. 自从我记事的时候开始，就记得妈妈经常对我和姐姐说："快乐是一天，不快乐也是一天，为什么我们不天天快乐呢？"

    ★ 妈妈希望我和姐姐：

    A 永远开心　　B 早点儿懂事　C 尊重老人　　D 节约时间

73. 生命在于运动，所以不管什么时候，在什么地方，我们都要想办法锻炼身体，只有这样，我们才能做好自己想做的事情。

    ★ "这样"指的是：

    A 生命　　　　B 运动　　　　C 时间　　　　D 地点

74. 会议开了两个小时后，刘经理说："休息十五分钟之后，会议继续进行。"小丽急忙到自己的办公桌前喝了口水。开会真是一件累人的事情。

    ★ 这段话可能发生在哪儿？

    A 车上　　　　B 家里　　　　C 学校里　　　D 公司里

75. 教师是知识的传播者，学生是知识的接受者。所以上课的时候，学生一定要认真听老师所讲的知识，否则就会跟不上其他同学学习的脚步。

    ★ 根据这段话，可以知道，学生应该：

    A 多看书　　　B 认真听课　　C 多和同学玩儿　D 常与老师交流

★ 法国客人的酒杯装三分之一满是希望客人：
A 少喝一点儿　B 多吃食物　C 保重身体　D 更好地品酒

82—83.

小刚5岁生日那天，爸爸送给他一面小鼓。过了几天，爸爸从单位下班回家，妈妈对他说："我想，楼上的房客一定不喜欢听小刚敲鼓。""为什么？发生什么事情了吗？"爸爸问。"今天下午，楼上的那位房客下来送给了小刚一把小刀，并且还问他想不想知道鼓里面有什么东西，能让它发出这样动听的声音。"

★ 关于小鼓，可以知道：
A 很贵　　　B 被弄坏了　C 声音动听　D 是生日礼物

★ 关于楼上的房客，可以知道什么？
A 丢了小刀　B 不会敲鼓　C 不喜欢小刚　D 觉得鼓声很吵

84—85.

李强的妈妈今年还不到五十岁，头发就已经花白了。在李强六岁的时候，她就和丈夫离婚了！每天她不仅要去上班，还要接送李强上下学，非常辛苦。但她的辛苦并没有白费，李强今年高考以全省第一名的好成绩考上了清华大学。看到那张红色的通知书时，她激动地哭了。

★ 关于李强的妈妈，可以知道什么？
A 生活很累　B 想上大学　C 没有工作　D 学习很好

★ 李强的妈妈为什么哭了？
A 很开心　　B 离婚了　　C 孩子病了　D 心情很差

三、书 写

第一部分

第86—95题：完成句子。

例如：那座桥　　800年的　　历史　　有　　了

　　　<u>那座桥有800年的历史了。</u>

86. 成为　　我的　　一名律师　　是　　理想

87. 杂志的　　这本　　很无聊　　内容

88. 是一个　　李教授　　很认真的人　　工作态度

89. 那篇小说　　他　　明天要讲的　　正在预习

90. 对　　很熟悉　　售货员　　商品　　超市里的

91. 请你　　明天早上的　　把　　告诉我　　航班号

92. 都高兴地　　观众们　　表示祝贺　　演员　　向台上的

93. 密码　　千万　　信用卡的　　不要忘了

94. 公共汽车　　要　　乘坐　　时　　注意安全

95. 答案　　正确　　是什么　　这道题的

第 二 部 分

第 96—100 题：看图，用词造句。

例如： 乒乓球　　他很喜欢打乒乓球。

96. 巧克力

97. 轻松

98. 挂

99. 丰富

100. 美好

答 案

一、听　力

第一部分

1. ×　　2. ×　　3. √　　4. ×　　5. √
6. ×　　7. √　　8. ×　　9. √　　10. √

第二部分

11. A　　12. D　　13. C　　14. D　　15. B
16. C　　17. C　　18. B　　19. D　　20. D
21. B　　22. B　　23. C　　24. C　　25. A

第三部分

26. D　　27. B　　28. B　　29. C　　30. B
31. D　　32. D　　33. C　　34. A　　35. C
36. A　　37. B　　38. B　　39. C　　40. B
41. D　　42. B　　43. C　　44. C　　45. A

二、阅　读

第一部分

46. B　　47. E　　48. F　　49. C　　50. A
51. B　　52. A　　53. F　　54. D　　55. E

第二部分

56. CAB　　57. ACB　　58. CBA　　59. ACB　　60. BAC
61. BAC　　62. CBA　　63. CAB　　64. ABC　　65. BAC

第三部分

66. B　　67. A　　68. B　　69. D　　70. B
71. B　　72. A　　73. B　　74. D　　75. B
76. A　　77. B　　78. B　　79. A　　80. B
81. D　　82. D　　83. D　　84. A　　85. A

三、书　写

第一部分

86. 我的理想是成为一名律师。
　　/成为一名律师是我的理想。
87. 这本杂志的内容很无聊。
88. 李教授是一个工作态度很认真的人。
89. 他正在预习明天要讲的那篇小说。
90. 售货员对超市里的商品很熟悉。
　　/对超市里的商品，售货员很熟悉。
91. 请你把明天早上的航班号告诉我。
92. 观众们都高兴地向台上的演员表示祝贺。
93. 千万不要忘了信用卡的密码。
94. 乘坐公共汽车时要注意安全。
95. 这道题的正确答案是什么？

第二部分

(参考答案)

96. 我最喜欢吃巧克力了。
　　/吃巧克力能让人的心情变好。
97. 考完试，我们找个地方一起去轻松一下吧！
　　/我要忘掉工作，轻松地去旅游。
98. 天气不错，把衣服挂出去晒晒吧。
　　/这些衣服是湿的，别跟干衣服挂在一起。
99. 超市里水果的种类非常丰富。
　　/水果中含有丰富的营养。
100. 美好的东西需要一双发现它的眼睛。
　　/照相机能让美好成为永远的回忆。

听力材料及听力部分题解

（音乐，30秒，渐弱）

大家好！欢迎参加 HSK（四级）考试。
大家好！欢迎参加 HSK（四级）考试。
大家好！欢迎参加 HSK（四级）考试。

HSK（四级）听力考试分三部分，共45题。
请大家注意，听力考试现在开始。

第一部分

一共10个题，每题听一次。

例如：我想去办个信用卡，今天下午你有时间吗？陪我去一趟银行？
　　★ 他打算下午去银行。

现在我很少看电视，其中一个原因是，广告太多了，不管什么时间，也不管什么节目，只要你打开电视，总能看到那么多的广告，浪费我的时间。
　　★ 他喜欢看电视广告。

现在开始第1题：

1.

> 我不想去那家饭馆儿吃饭，虽然饭菜的味道还不错，但总是要等很久，太浪费时间了。
> ★ 那家饭馆儿的饭菜不好吃。（×）

【题解】根据"饭菜的味道还不错"，可以知道那家饭馆儿的饭菜挺好吃的。

2.

> 明天开会要用的资料我还没整理好，经理让我留下来整理完再回去，看来今晚的比赛我是看不成了。
> ★ 他今天要开会。（×）

【题解】通过"明天开会要用的资料我还没整理好"可以知道，他要准备的是明天开会用的材料，并不是今天要开会。

3.

> 　　一会儿下班你有时间吗？我现在肚子很疼，可能是早上吃错东西了，能不能陪我去看医生？
> ★ 她想去医院。（√）

【题解】根据"我现在肚子很疼"和"能不能陪我去看医生"，可以知道说话人生病了，想去医院看医生。

4.

> 　　各位观众请注意，原定于今天下午两点开始的乒乓球比赛因故将推迟半小时，对此给您带来的不便，我们深感抱歉！
> ★ 比赛下午三点开始。（×）

【题解】根据听力材料可以知道，比赛原定于下午两点开始，因故推延了半个小时，所以应该是下午两点半开始。

5.

> 　　这里真的很美，但这次我时间不够了，必须马上回去，以后有机会一定要再来一次。
> ★ 他很喜欢这里。（√）

【题解】通过"这里真的很美"和"以后有机会一定要再来一次"，可以知道他希望能再来这里游玩，所以他很喜欢这里。

6.

> 　　小莉，你今天下班时顺便去趟超市，帮我买点儿鸡蛋，不然我晚上没办法做蛋糕。
> ★ 小莉想吃蛋糕。（×）

【题解】根据听力材料，可以知道说话人晚上要做蛋糕，想让小莉帮忙买鸡蛋，但并不能因此推测出小莉想吃蛋糕。

7.

> 　　原来银行九点才开门啊，我还以为是八点呢，看来我只能在这里等一会儿了。
> ★ 她来早了。（√）

【题解】通过材料可以知道，银行是九点开门，而说话人八点就来了，很明显是她来早了。

8.

> 　　各位同学，在以后的日子里，由我来教大家汉语，请把我当成你们的朋友，有什么不懂的可以直接问我。
> ★ 他是一名学生。（×）

【题解】根据"由我来教大家汉语"，可以知道说话人应该是一位老师，而非学生。

9.

> 我不是不饿，只是这几天肚子不舒服，医生不让我吃那么多东西。
> ★ 他肚子饿了。(✓)

【题解】 通过听力材料"我不是不饿"，可以知道，其实说话人肚子已经饿了，只是医生不许他吃太多而已。"不是不饿"是双重否定，表示肯定的意思，即"饿了"。

10.

> 小王学习太不认真了，这次考试那么简单，其他同学都考得很好，只有他没通过。
> ★ 这次考试的题不难。(✓)

【题解】 根据听力材料，可以知道这次考试题很简单，小王是因为马虎才没考好的。

第 二 部 分

一共15个题，每题听一次。

例如：女：该加油了，去机场的路上有加油站吗？
　　　男：有，你放心吧。
　　　问：男的主要是什么意思？

现在开始第11题：

11.

> 男：请问明天晚上8点的那场足球赛还有票吗？
> 女：很抱歉，昨天就卖完了。
> 问：男的正在做什么？

A 买票　　　　B 踢足球
C 看比赛　　　　D 问时间

【题解】 根据"请问明天晚上8点的那场足球赛还有票吗"，可以知道男的正在买足球赛的票。正确答案是A。

12.

> 女：这个沙发真漂亮，我太喜欢了。
> 男：我也是，但是我们的钱只够买台洗衣机。真是太可惜了！
> 问：根据对话，可以知道什么？

A 男的没带钱　　B 沙发不好看
C 洗衣机太贵　　**D 他们没买沙发**

【题解】 通过对话可以知道，他们觉得沙发很好看，但带的钱不够，所以没有买沙发。正确答案是D。

13.

男：请问，这些巧克力怎么卖的呀？
女：原价是五十元，现在打七折，还挺便宜的，先生您买点儿吧。
问：巧克力现价是多少？

A 十五元　　　　B 二十五元
C 三十五元　　D 五十元

【题解】根据对话可以知道，这些巧克力"原价是五十元，现在打七折"，"七折"即原价的70%，因此现价为三十五元。正确答案是C。

14.

女：下午好，请问有什么需要吗？
男：来杯咖啡，不要加糖，谢谢！
问：女的最可能是做什么的？

A 医生　　　　　B 导游
C 律师　　　　　**D 服务员**

【题解】"请问有什么需要吗"是服务员常说的话，男的回答"来杯咖啡，不要加糖"，可以推测男的可能是一位顾客，女的为男的提供服务，可能是咖啡馆儿或餐厅的服务员。正确答案是D。

15.

男：老师说明天下午四点要开家长会。
女：可是明天下午我很忙，让你爸爸去吧。
问：他们可能是什么关系？

A 师生　　**B 母子**　　C 父女　　D 同事

【题解】根据听力材料可以知道，男的学校要开家长会，女的说没时间，不能去，说明女的是男的家长。正确答案是B。

16.

男：周末有空吗？陪我去买件衣服吧，然后我请你看电影好吗？
女：不好意思，周末正好是我奶奶的生日。
问：周末女的可能会做什么？

A 逛街　　　　　B 看电影
C 去奶奶家　　D 去男的家

【题解】听力材料中，男的邀请女的逛街，看电影，可通过"周末正好是我奶奶的生日"可以知道，女的周末要给奶奶过生日，不能陪男的，所以A、B、D不对。正确答案是C。

17.

女：你去接孩子，我到超市去买些饺子。
男：离孩子放学还早着呢，我先陪你去超市吧。
问：男的准备干什么？

A 接孩子　　　　B 吃饺子
C 去超市　　　D 去上班

【题解】从"离孩子放学还早着呢，我先陪你去超市吧"可以知道，现在时间还早，男的可以先陪女的去超市再去接孩子。正确答案是C。

18.

> 男：请问王明先生在家吗？这里有他的信，是从北京来的。
> 女：他在公司加班，我是他妻子，可以代他收吗？
> 问：王明现在在哪儿？

A 在北京　　　　**B 在公司**
C 在家里　　　　D 在学校

【题解】根据听力材料可以知道，信是北京来的，可王明不在家，正在公司加班。正确答案是B。

19.

> 女：那本介绍手机的杂志呢？我记得放在桌子上了，怎么没了？
> 男：我刚刚拿去看了，现在在沙发上呢。
> 问：女的在找什么？

A 手机　B 钥匙　C 报纸　**D 杂志**

【题解】通过听力材料可以知道，女的找的是一本杂志，这本杂志是介绍手机的，并不是在找手机。正确答案是D。

20.

> 女：你好，我想买一本汉语词典，请问哪儿能找到？
> 男：请往左走，杂志的旁边就是。
> 问：女的想干什么？

A 借书　　　　　B 找人
C 买杂志　　　　**D 买词典**

【题解】对话应该发生在一家书店，女的"想买一本汉语词典"。正确答案是D。

21.

> 女：我的钥匙不见了，一定是丢了！
> 男：是这把吗？早上我看它挂在门上。
> 问：关于女的，可以知道什么？

A 很勇敢　　　　**B 很粗心**
C 很害羞　　　　D 很诚实

【题解】根据听力材料可以知道，女的认为自己把钥匙丢了，其实是挂在门上忘记了。她是一个很粗心的人。正确答案是B。

22.

> 男：请问广播电视大学怎么走？
> 女：从这儿往东走，路口那个银行北边一点儿就是。
> 问：男的想要去哪儿？

A 银行　**B 学校**　C 车站　D 电影院

— 22 —

【题解】从"请问广播电视大学怎么走"可以很容易知道男的想去一所大学,名字叫"广播电视大学"。正确答案是B。

23.

男:我没买到明天篮球赛的门票,只能在家看了,你要一起看吗?
女:我正好有张票,但是明天有事去不了了,就送给你吧。
问:根据对话,可以知道什么?

A 男的不想看　　　B 女的想买票
C 男的没买到票　D 女的今晚有事

【题解】根据听力材料可以知道,男的没有买到票,本打算在家看的,女的正好明天有事,就把票送给了男的。正确答案是C。

24.

男:现在很多大学生毕业后都选择留学,你是怎么想的?

女:我打算先读硕士再找工作。
问:关于女的,可以知道什么?

A 已经毕业了　　　B 准备留学
C 准备读硕士　　D 马上找工作

【题解】从"我打算先读硕士再找工作"可以知道,女的准备先读硕士,而不是留学或找工作。正确答案是C。

25.

女:小李呢?不在办公室吗?
男:回家收拾东西去了,他明天要到杭州出差。
问:小李现在可能在哪儿?

A 在家里　　　　B 在杭州
C 在火车站　　　D 在办公室

【题解】通过"回家收拾东西去了,他明天要到杭州出差"可以知道小李现在最可能在家中收拾行李。正确答案是A。

第 三 部 分

一共20个题,每题听一次。

例如:男:把这个文件复印五份,一会儿拿到会议室发给大家。

女:好的。会议是下午三点吗?

男:改了。三点半,推迟了半个小时。

女:好,602会议室没变吧?

男:对,没变。

问:会议几点开始?

现在开始第26题：

26.

女：我从小李那儿借的书找不到了，可能被我弄丢了！
男：是不是丢在爷爷家了？
女：没有，我去问过了。
男：我想起来了，早上小李来拿书，我帮你还给他了。
问：书现在在哪儿？

A 在图书馆里　　B 在爷爷家
C 在男的那儿　　**D 在小李那儿**

【题解】根据听力材料可以知道女的在找书，从最后一句"早上小李来拿书，我帮你还给他了"可以知道，男的把书还给小李了，所以现在书在小李那里。正确答案是D。

27.

女：那是你哥哥吧？听说他羽毛球打得很好。
男：对啊，我哥哥从小就特别喜欢运动。
女：他是做什么的？
男：他原来是学医的，不过他更喜欢法律，现在在做这方面的工作。
问：男的哥哥可能是做什么的？

A 司机　　　　**B 律师**
C 医生　　　　D 运动员

【题解】通过对话可以知道男的哥哥有很多爱好，从"不过他更喜欢法律，现在在做这方面的工作"可以知道，男的哥哥现在在从事法律方面的工作，所以很可能是一位律师。正确答案是B。

28.

女：怎么这么晚才到呀？会议都开始一个小时了！
男：实在没办法，路上堵车，我七点就从家出发了，谁想到九点多才到。
女：先别说了，快进去吧！
男：经理生气了吧？一会儿帮我解释解释。
问：会议可能几点开始？

A 七点　**B 八点**　C 九点　D 十点

【题解】从对话中可以知道，男的九点多才到，这时会议已经开始一小时了，可以推测出会议可能八点开始。正确答案是B。

29.

男：祝贺你找到了新工作，感觉怎么样呀？
女：工作环境不错，也能学到很多东西，就是平时太忙了，压力也很大。

男：你刚刚毕业能找到一份这样的工作已经很好了，还不满意吗？
女：不，我很满意，至少工资还是很高的。
问：关于新工作，下面哪项不正确？

A 很累　　　　　B 环境好
C 工资少　　　D 压力大

【题解】根据对话可以知道，女的工作"环境不错"，虽然"平时太忙"，"压力也很大"，但女的对新工作很满意，从"至少工资还是很高的"可以得出她工资高这个信息，所以选项C是不正确的。

30.

女：你下班了吗？
男：刚到家，你怎么还没回来？
女：快过节了，来超市买东西的人特别多，经理说要加班。你和孩子先吃饭吧，别等我了。
男：好的，等快下班了我去接你。
问：根据对话，可以知道什么？

A 男的在加班　　　**B 女的不在家**
C 女的在买东西　　D 孩子吃过饭了

【题解】通过对话可以知道，女的要加班，让男的和孩子先吃饭，说明男的和孩子在家还没吃饭，而女的在上班，不在家里。正确答案是B。

31.

男：妈妈，那只小熊猫怎么了？为什么要给它打针？
女：它生病了，只有打针才能好呀。
男：那只老虎呢，它也生病了吗？为什么要把它关起来呢？
女：这是因为它该吃饭了。孩子，时间不早了，我们该回家了。
问：对话可能发生在哪儿？

A 医院　B 学校　C 饭店　**D 动物园**

【题解】根据听力材料，可以知道他们看到了生病的熊猫和正要吃饭的老虎，因此他们可能是在动物园里。正确答案是D。

32.

男：几个月没见，你怎么变得这么瘦了？
女：我在减肥呢，都瘦了十斤了，原来的衣服现在穿着特别肥。
男：别再减了，减肥对身体不好，再说你本来就不胖。
女：我还是觉得再瘦一些才好看。
问：根据对话，可以知道什么？

A 男的很瘦　　　　B 衣服买大了
C 女的太胖了　　　**D 女的瘦了不少**

【题解】通过"你怎么变得这么瘦了"，可以知道女的减肥很有成效，瘦了很多，以前的衣服都大了，但并没有提她买了衣服。正确答案是D。

33.

女：爸，我明天早上要考试，你去帮我拿一下香港一日游的表格吧。
男：可是我明天要和李叔叔出差，没法去。
女：那可怎么办呢？
男：要不让你妈妈下午下班帮你拿回来好了。
女：那也行。
问：谁会去拿表格？

A 自己　　B 爸爸　**C 妈妈**　　D 李叔叔

【题解】根据对话可以知道，男的要和李叔叔出差，没有时间帮女的拿表格，提议让妈妈去拿。正确答案是C。

34.

男：你好，能介绍一下后面的安排吗？
女：我们下一个要参观的地方是西湖，然后就回宾馆休息。
男：那什么时候出发？我现在想去买点儿东西。
女：离出发还有一个小时，有的是时间。
问：男的现在想要做什么？

A 购物　　　　　B 回宾馆
C 去吃饭　　　　　D 参观西湖

【题解】这可能是游客与导游的一段对话，男的问时间安排，是"想去买点儿东西"。"参观西湖"和"回宾馆休息"是后面的安排，"离出发还有一个小时"，说明男的现在有时间去买东西。正确答案是A。

35.

男：别带那么多衣服，我这次出差三天就回来了。
女：广播说沈阳明天会有大雪，非常冷。
男：不会吧，我们这边温度挺高的呀。
女：别忘了这里是广东。
问：根据对话，可以知道什么？

A 广东很冷　　　　B 女的要出差
C 沈阳要下雪　　D 男的要去广东

【题解】根据对话可以知道，他们现在在广东，男的要去沈阳出差，"广播说沈阳明天会有大雪，非常冷"。正确答案是C。

第36到37题是根据下面一段话：

刘先生和刘太太是一对粗心的夫妻。有一年夏天，他们计划去海南旅游，收拾好行李后，就坐车去机场了。他们八点四十五才赶到机场，离飞机起飞只有十五分钟了，但刘先生非要去给妈妈寄信。在飞机起飞前五分钟，他突然发现自己把机票扔进信箱了。

36．刘先生和刘太太是怎样的人？

A 粗心　B 冷静　C 浪漫　D 勇敢

【题解】从文章的第一句"刘先生和刘太太是一对粗心的夫妻"即可知道正确答案是 A。后面说的事情是在证明他们的粗心。

37．飞机几点起飞？

A 八点四十五　　**B 九点**
C 九点二十五　　D 十点

【题解】这对夫妻是八点四十五到达机场的，离飞机起飞还有十五分钟，所以飞机应该是九点起飞。正确答案是 B。

第 38 到 39 题是根据下面一段话：

> 大家好，我叫张文，来自位于中国南部的云南省昆明市。昆明是一个非常美丽的地方，那里有很多不同的民族，每个民族都有自己的特点。昆明一年四季都开满了鲜花，所以又被叫做"花城"。昆明的交通很方便，每年都会有很多人去那里旅游。我非常热爱昆明，希望大家有机会都能去那里游玩儿。

38．关于昆明，下面哪项不正确？

A 适合旅游　　**B 交通不便**
C 民族很多　　D 冬天也有鲜花

【题解】通过这段话可以知道，昆明四季如春，适合旅游，有许多民族，交通也十分方便，所以不正确的应该是 B。

39．根据这段话，可以知道什么？

A 昆明很冷　　　　B 张文是导游
C 张文是南方人　D 昆明有很多山

【题解】从"我叫张文，来自位于中国南部的云南省昆明市"，可以知道张文是一个南方人，他正在进行自我介绍。正确答案是 C。

第 40 到 41 题是根据下面一段话：

> 人们在找工作的时候都必须做一个选择：去大城市还是去小城市。大城市机会多，工资高，但是压力很大，环境污染也比较严重。小城市竞争力小，工作量少，但是工资不高，机会较少。至于要怎样选择，应先考虑自己的实际情况。

40．关于小城市，下面哪项正确？

A 工资高　　　**B 机会少**
C 压力大　　　D 竞争力大

【题解】根据这段话，可以知道，"小城市竞争力小，工作量少，但是工资不高，机会较少"。正确答案是 B。

41．人们在选择工作地点时，应该先考虑什么？

A 工作环境　　B 工资高低
C 机会多少　　**D 自身情况**

【题解】从"至于要怎样选择，应先考虑自己的实际情况"，可以知道这道题的正确答案是 D。

第 42 到 43 题是根据下面一段话：

> 我家有四口人，分别是我的爸爸、妈妈、哥哥还有我。我爸爸是位医生，他平时非常忙，因为有很多病人需要他看病。我妈妈是位老师，她教过很多学生，大家都很喜欢她。我哥哥还在上学，不过已经在读硕士了。他也是学医的，以后会和爸爸一样成为医生。我还是名中学生，以后想成为记者。

42. 说话人在做什么？

　A 招聘老师　　　　**B 介绍家人**
　C 通知事情　　　　D 问病人问题

【题解】根据这段话可以知道，说话人正在介绍自己的爸爸、妈妈、哥哥和自己的情况。正确答案是 B。

43. 说话人的哥哥是干什么的？

　A 医生　　　　　　B 老师
　C 学生　　　　　D 记者

【题解】从"我哥哥还在上学，不过已经在读硕士了"，可以知道说话人的哥哥现在还在上学，是一名学生。正确答案是 C。

第 44 题到 45 题是根据下面一段话：

> 说话是一种艺术，有的人说话让人开心，有的人说话让人伤心。什么时候该说什么话，其实是一件很复杂的事。当别人开心时，我们要及时地送上祝福；当别人难过时，我们要积极地鼓励。做一个会说话的人，会给自己，也会给别人带来快乐。

44. 这段话主要介绍的是什么？

　A 快乐　　　　　　B 文化
　C 说话　　　　　D 艺术

【题解】从听力材料第一句"说话是一种艺术，有的人说话让人开心，有的人说话让人伤心"可以知道，这段话主要在谈如何说话。正确答案是 C。

45. 当别人开心时，我们要怎么做？

　A 祝福　　　　　B 批评
　C 鼓励　　　　　　D 同情

【题解】通过"当别人开心时，我们要及时地送上祝福"可以知道，正确答案是 A。

听力考试现在结束。

阅读部分题解

第一部分

第46—50题：选词填空。

　　A 打扮　　B 页　　C 导游　　D 坚持　　E 暖和　　F 由于

46.

> 这本书有四百多（B 页），你半天就看完了？

【题解】从这句话的结构来看，数词后面要加量词，例如"五个""三张""六十九辆"等。量词的选择和主语有直接的关系，这句话的意思主要是说这本书的内容有很多，也就是很厚，有很多页的意思。正确答案是 B。

47.

> 那里很（E 暖和），你不用带这么多衣服，随便带几件就行了。

【题解】从语法上看，这一空缺少一个形容词，"很＋形容词"是常用结构；从"你不用带这么多衣服"这句话可以推测，那里应该不冷，不用穿很多衣服。正确答案是 E。

48.

> （F 由于）经理要到上海学习，今天的会议改到下周三再开。

【题解】从结构上看，两个分句是隐含的因果关系，前面是原因，后面是结果，所以两个分句之间缺少一个表示原因的关系连词。正确答案是 F。

49.

> 你知道（C 导游）资格考试的具体情况吗？

【题解】从这句话的结构上看，这里缺少一个表示某种职业技能的名词，从选项中看，只有 C 项是名词，指一种职业。正确答案是 C。

50.

> 你今天（A 打扮）得真好看，公司有活动吧？

【题解】从这句话的结构上看，这里缺少一个谓语动词，选项中的动词有 A 和 D，"真好看"和"打扮"有关，"打扮"即"使容貌和衣着好看"，填在这里很合适。正确答案是 A。

第51—55题：选词填空。

A 到底　　B 艺术　　C 温度　　D 擦　　E 可是　　F 诚实

51.

A：（B 艺术）来自于生活，你看这些作品都有生活中的影子。
B：但是它又高于生活，这就是我当了十几年画家的真实感受。

【题解】根据 A 句的语法看，这里缺少一个可以作主语的名词，从选项中看，只有 B、C 两项是名词，而 C 项是例题中的答案，所以这道题应该选 B。从对话内容看，"画家"与选项中的"艺术"有关，而艺术正好是来自生活，又高于生活的。正确答案是 B。

52.

A：这件事（A 到底）是怎么发生的？
B：不知道，我到这里的时候，房间就是这个样子的。

【题解】根据 A 句的结构，可以知道这句话中缺少一个副词，选项中的副词只有 A 项，"到底"用在问句中表示深究，例如"火星上到底有没有生命"。正确答案是 A。

53.

A：张刚是一个（F 诚实）的人，从来不会骗人的。
B：可是我总觉得这件事肯定与他有关系。

【题解】从 A 句的结构上看，这里缺少一个形容词，"形容词+的+名词"是很常见的偏正结构的短语。再根据"从来不会骗人"可以知道，这句话主要想说明张刚是一个诚实的人，"诚实"即"言行和内心的思想一致，不虚假"。正确答案是 F。

54.

A：王亮，你在家里做什么呢？我们一起出去唱歌吧！
B：不行，我正在（D 擦）桌子呢，明天我们再一起出去吧。

【题解】从结构上看，此处缺少一个动词，"正在+动词"表示正在进行的动作，选项中的动词只有 D。正确答案是 D。

55.

> A：赵明，明天下午一起去打篮球吧！
> B：(E 可是) 我明天要陪小静去买家具，过几天再去吧。

【题解】根据对话的意思可以知道，B因为明天有事，不能答应A的邀请，因此这一空应该填一个表示不能答应A邀请的连词，"可是"即"但是"的意思，这里就是委婉地拒绝A的邀请的意思。正确答案是E。

第 二 部 分

第56—65题：排列顺序。

56.

> A 三十分钟后我们先回到这里
> B 然后再一起乘车去宾馆休息
> C 现在大家有三十分钟的时间去买东西

【题解】根据A句中的"先"和B句中的"然后"可以知道，A句应该放在B句的前面；再根据C句中的"有三十分钟"和A句中的"三十分钟后"可以知道，C句应该放在A句前面。正确顺序是CAB。

57.

> A 这场晚会确实很精彩
> B 我总觉得有种吸不上气来的感觉
> C 可是因为来的人实在是太多了

【题解】A句引出整个句子的话题，所以应该放在句首；C句中的"可是"是对A句中"很精彩"的转折，所以

C句应该放在A句后面；B句是C句"人太多"所导致的后果"我觉得吸不上气来"。正确顺序是ACB。

58.

> A 我真想在这里多玩儿几天
> B 如果不是要去参加上海的演出
> C 昆明真是一个美丽的地方

【题解】C句引出整个句子的话题"昆明"这个地方，所以应该放在句首；再根据B句中的"如果不是"和A句中的"真想"可以知道，B句应该放在A句前面。正确顺序是CBA。

59.

> A 电子词典对学习语言很重要
> B 还能教我们发音
> C 它不但能帮我们理解新词

【题解】根据C句中的"不但"和B句中的"还"，可以知道C句应该放在B

句前面；同时，C 句中的"它"代指 A 句中的"电子词典"，所以 A 句应该放在 C 句前面。正确顺序是 ACB。

60.

> A 道路干净了，房子变大了
> B 现在这里与以前相比有了很大的不同
> C 甚至还多了很多高楼

【题解】B 句是整个句子的前提条件，所以应该放在句首；再根据 C 句中的"甚至"可以知道，C 句是对 A 句的进一步补充，所以应该放在 A 句后面。正确顺序是 BAC。

61.

> A 不仅需要一种"后天下之乐而乐"的勇气
> B 想要成为一个对社会有用的人
> C 还要有一份对理想的坚持

【题解】根据 A 句中的"不仅"和 C 句中的"还"可以知道，A 句应该放在 C 句前面；A、C 两句是成为 B 句中"对社会有用的人"的条件，也就是说 B 句引出了整个句子，应该放在句首。正确顺序是 BAC。

62.

> A 要不吃饺子也行
> B 你觉得清汤面怎么样
> C 晚上我们吃点儿热的东西吧

【题解】C 句引出了整个句子的话题，应该放在句首；再根据 A 句中的"也"可以知道，B 句应该放在 A 句前面。正确顺序是 CBA。

63.

> A 都可以在这家公司找到合适的职位
> B 所以明天我们一起去他们公司应聘吧
> C 无论你在大学里学的是什么专业

【题解】根据 C 句中的"无论"和 A 句中的"都"可以知道，C 句应该放在 A 句前面；再根据 B 句中的"所以"可以判断出，B 句应该放在最后，它是整个句子的结果。正确顺序是 CAB。

64.

> A 塑料袋发明出来以后
> B 极大程度地方便了人们的生活
> C 但同时也破坏了人们的生活环境

【题解】A 句引出了整个句子的话题"塑料袋"，所以应该放在句首；再根据 C 句中的"但同时"可以知道，C 句应该放在 B 句后面。正确顺序是 ABC。

65.

> A 意思是吃完饭后要多走走
> B 人们常说"饭后百步走，活到九十九"
> C 这样对我们的身体有好处

【题解】A 句是对 B 句中"饭后百步走，活到九十九"的解释，所以应该放在 B 句后面；C 句中的"这样"指的就是 A 句中的"吃完饭后要多走走"，所以 C 句应该放在 A 句后面。正确顺序是 BAC。

第三部分

第 66—85 题：请选出正确答案。

66.

> 现在人们越来越喜欢阅读电子书，不仅仅是因为它便宜，更主要的是因为不管在什么地方，只要你有时间就可以阅读你想读的书。

★ 人们喜欢读电子书主要是因为它：
A 便宜　**B 方便**　C 精彩　D 环保

【题解】根据"更主要的是因为不管在什么地方，只要你有时间就可以阅读你想读的书"这句话可以知道，人们喜欢电子书是因为它不受限制，有时间就可以读，很方便。正确答案是 B。

67.

> 我男朋友经常来我家吃饭。有一天妈妈忘记买面条儿了，男朋友想帮忙去买，于是妈妈告诉他商店在什么地方之后，给了他二十块钱，他就出门了。

★ 男朋友拿着二十块钱去哪儿了？
A 商店　B 我家　C 饭馆儿　D 他家

【题解】根据这段话可以知道，男朋友要帮妈妈去买面条儿，"妈妈告诉他商店在什么地方"，他就拿着钱去了，也就是说，他拿着钱去商店买面条儿了。正确答案是 A。

68.

> 花开花谢带不走朋友之间的友谊。无论时间怎么过，朋友之间的感情是不变的，所以我们要在工作和生活中好好与朋友相处。

★ 这段话主要想告诉我们要：
A 多交朋友　　**B 重视友谊**
C 努力工作　　D 爱惜时间

【题解】这段话的主要意思是友谊不会随时间而改变，因此要珍惜朋友之间的感情，与朋友好好相处。正确答案是 B。

69.

> 年轻不是因为年龄的大小，而是一种心态的反映，所以我们要保持年轻的心。只有这样，我们的生活才不会因为年龄的变化而变得不再那么精彩。

★ 根据这段话，想精彩地生活，我们需要：

A 赚很多钱　　　B 学很多东西
C 有健康的身体　D 一颗年轻的心

【题解】根据"我们要保持年轻的心。只有这样，我们的生活才不会因为年龄的变化而变得不再那么精彩"这句话可以知道，"年轻的心"是生活精彩的条件，我们要有一颗年轻的心，生活才能更加精彩。正确答案是D。

70.

> 人生是一种选择，也是一种放弃。当你做出了选择，同时也就放弃了其他可以选择的方向，所以大家在面对需要做出选择的事情时一定要小心，不要做出让自己后悔的事情来。

★ 根据这段话，做选择时，我们要：

A 懂得放弃　　　B 认真选择
C 丰富知识　　　D 不怕困难

【题解】通过"大家在面对需要做出选择的事情时一定要小心，不要做出让自己后悔的事情来"这句话可以知道，我们做选择的时候一定要小心，要仔细考虑之后再做决定。正确答案是B。

71.

> 关于爱情，小静觉得只是一种习惯，习惯了关心一个人，习惯了被一个人关心，习惯了两个人在一起，习惯了有人打电话给你。

★ 这段话主要在讲习惯与什么的关系？

A 关心　B 感情　C 理想　D 打电话

【题解】很明显这段话主要在讲爱情与习惯之间的关系，但选项中没有爱情，考生需要进一步思考，爱情是感情的一种，我们说这段话在讲感情与习惯的关系也是对的。正确答案是B。

72.

> 自从我记事的时候开始，就记得妈妈经常对我和姐姐说："快乐是一天，不快乐也是一天，为什么我们不天天快乐呢？"

★ 妈妈希望我和姐姐：

A 永远开心　　　B 早点儿懂事
C 尊重老人　　　D 节约时间

【题解】根据"快乐是一天，不快乐也是一天，为什么我们不天天快乐呢"这句话可以知道，妈妈希望我和姐姐能够快快乐乐地过好每一天，"开心"意思即快乐。正确答案是A。

73.

生命在于运动，所以不管什么时候，在什么地方，我们都要想办法锻炼身体，只有这样，我们才能做好自己想做的事情。

★ "这样"指的是：
A 生命　B 运动　C 时间　D 地点
【题解】做这一类题时，考生可以把选项中的词带入句子中试一下。例如本题把"生命"带进去，那么就是"只有生命，我们才能做好自己想做的事情"，很明显是错误的，通过这个方法，考生可以很容易找到答案B。

74.

会议开了两个小时后，刘经理说："休息十五分钟之后，会议继续进行。"小丽急忙到自己的办公桌前喝了口水。开会真是一件累人的事情。

★ 这段话可能发生在哪儿？
A 车上　　　　B 家里
C 学校里　　　D 公司里
【题解】根据这段话中的关键词"会议""刘经理""办公桌"可以知道，这段话应该是发生在公司里。正确答案是D。

75.

教师是知识的传播者，学生是知识的接受者。所以上课的时候，学生一定要认真听老师所讲的知识，否则就会跟不上其他同学学习的脚步。

★ 根据这段话，可以知道，学生应该：
A 多看书　　　　B 认真听课
C 多和同学玩儿　D 常与老师交流
【题解】通过"学生一定要认真听老师所讲的知识"这句话可以知道，学生应该认真听课。正确答案是B。

76.

很多人认为阳光来自太阳，但是当我们伤心的时候，再多的阳光都照不进我们的心里；只要我们心里有光，即使在下雨的日子里，也会感应到世界的光彩，我们自己的天也可以很光明。

★ 这段话主要在讲什么？
A 心情　B 太阳　C 颜色　D 大地
【题解】这段话是用阳光来比心情。伤心的时候，再多的阳光人们也感受不到，而开心的时候，即使下雨，心里也会充满光明，由此告诉人们要保持好的心情。正确答案是A。

77.

> 睡觉对于每个人都是非常重要的。有专家指出，最好的睡觉时间是晚上十点半到早晨六点半，所以我们应该保证优质的睡觉时间，这样才能更好地工作。

★ 这段话主要介绍哪方面的知识？
A 艺术　**B 健康**　C 减肥　D 职业
【题解】这段话主要在讲睡觉对人体健康的重要性，优质的睡眠才能有健康的身体和良好的工作状态，也就是说这段话主要在通过睡觉这件事谈健康的问题。正确答案是B。

78.

> 小雪，这种问题我也不懂，要不你等我爸爸下班后问问他吧，他是一名律师，肯定知道遇到这样的事该怎么做。你进来坐一会儿，我爸一会儿就到家了。

★ 小雪想了解哪方面的知识？
A 动物　**B 法律**　C 医学　D 运动
【题解】根据"他是一名律师，肯定知道遇到这样的事该怎么做"这句话可以知道，小雪想了解的问题与律师的职业有关，应该是法律方面的事情。正确答案是B。

79.

> 韩愈，字退之，河南孟州人。他是中国唐代的一个文学家。他的作品很多，对中国散文的发展有重要的影响，是"唐宋八大家"之首。

★ 这段话主要在：
A 介绍韩愈　　B 教人写作
C 解释历史　　D 为人起名字
【题解】这段话主要讲了韩愈的名字、家乡、作品及贡献，主要在介绍韩愈这个人。正确答案是A。

80—81.

> 中国的茶叶和法国的葡萄酒在世界上都很有名，而且中国人品茶和法国人品酒也都十分讲究。中国人与客人一起品茶的时候，通常情况下客人的茶杯会装七分满，意思是留下三分的情意；法国人会客时，客人的酒杯会装三分之一满，为的是便于客人闻香品味。

★ 中国客人的茶杯为什么要装七分满？
A 利于品茶　　　**B 留有情感**
C 让茶变凉　　　D 为了安全
【题解】根据"意思是留下三分的情意"这句话可以知道，中国人给客人倒茶时茶杯装七分满是为了留下一点儿装感情。正确答案是B。

★ 法国客人的酒杯装三分之一满是希望客人：

A 少喝一点儿　　B 多吃食物
C 保重身体　　　**D 更好地品酒**

【题解】根据"客人的酒杯会装三分之一满，为的是便于客人闻香品味"这句话可以知道，法国客人酒杯装三分之一满是为了让客人品尝酒的美味。正确答案是D。

82—83.

　　小刚5岁生日那天，爸爸送给他一面小鼓。过了几天，爸爸从单位下班回家，妈妈对他说："我想，楼上的房客一定不喜欢听小刚敲鼓。""为什么？发生什么事情了吗？"爸爸问。"今天下午，楼上的那位房客下来送给了小刚一把小刀，并且还问他想不想知道鼓里面有什么东西，能让它发出这样动听的声音。"

★ 关于小鼓，可以知道：

A 很贵　　　　　B 被弄坏了
C 声音动听　　　**D 是生日礼物**

【题解】从"小刚5岁生日那天，爸爸送给他一面小鼓"这句话中可以知道，这面小鼓是小刚生日的时候爸爸送给他的生日礼物。正确答案是D。

★ 关于楼上的房客，可以知道什么？

A 丢了小刀　　　B 不会敲鼓
C 不喜欢小刚　　**D 觉得鼓声很吵**

【题解】根据这段话可以知道，楼上的房客送给小刚小刀，让他看看鼓里有什么东西，主要是想让小刚自己把鼓弄坏了，这样他就不用再听小刚敲鼓了，这说明房客不喜欢小刚的鼓声，觉得鼓声很吵。正确答案是D。

84—85.

　　李强的妈妈今年还不到五十岁，头发就已经花白了。在李强六岁的时候，她就和丈夫离婚了！每天她不仅要去上班，还要接送李强上下学，非常辛苦。但她的辛苦并没有白费，李强今年高考以全省第一名的好成绩考上了清华大学。看到那张红色的通知书时，她激动地哭了。

★ 关于李强的妈妈，可以知道什么？

A 生活很累　　B 想上大学
C 没有工作　　　D 学习很好

【题解】通过"每天她不仅要去上班，还要接送李强上下学，非常辛苦"这句话可以知道，李强的妈妈每天生活得都很辛苦。正确答案是A。

★ 李强的妈妈为什么哭了?

　A 很开心　　　　B 离婚了

　C 孩子病了　　　D 心情很差

【题解】根据"看到那张红色的通知书时,她激动地哭了"这句话可以知道,李强的妈妈因为李强考上了大学很开心,所以激动地哭了。正确答案是 A。